3 FLAPS
Las aventuras aéreas de Edgar

TEANO EDICIONS

© TEANO EDICIONS
c. Oms i de Prat, 7 2B
08241 Manresa

Calei2@outlook.es

3Flaps. Las aventuras aéreas de Edgar
2ª Edición: Manresa 2024

© textos: Montserrat Pinillos Blanco
Ilustraciones: Roser Valls Masclans
Editado por Montserrat Pinillos
Maquetación: Montserrat Pinillos Blanco
ISBN papel: 978-84-123569-1-5

Agradecimientos

A mi esposo e hijos. Quienes me han inspirado con su energía y afecto y no me han dejado desfallecer delante de la dificultad. Os quiero.

En especial a mi abuela Carmen, quien siempre ha demostrado confianza ciega en mis posibilidades. A mis queridos primos y familia.

Gracias a mis compañeras de la clínica, a mis amigas Jennifer y Lorena por estar a mi lado siempre, a todas aquellas personas que han creído en mí y me han dado todo su apoyo y cariño, en especial estos últimos y complejos meses.

Gracias a los miembros de la academia "Belgavia Formación Aeronáutica", situada en el Aeropuerto de Sabadell, por abrirme sus puertas, en especial a Álex, por su amabilidad, sencillez y paciencia. Por compartir sus conocimientos conmigo, una novata aficionada de la aviación.

Finalmente, quiero agradecer a Mª Dolors, ¡presidenta de Actuar! Por su confianza y apoyo en mis ideas locas y proyectos.

Prólogo

3Flaps es un libro para niños y niñas apasionados de los aviones y llenos de curiosidades sobre ellos

Qué es un ingeniero aeronáutico, los hitos históricos de la aviación, qué criterios se tienen presentes para construir un aeropuerto, modelos de avión, mujeres que marcaron la historia de la aviación, mitología… ¿Qué debemos hacer para convertirnos en pilotos? Y mucho más.

.3Flaps está pensado para interactuar con él mientras te sumerges en los conocimientos que Edgar desea transmitirte de forma divertida, a través de actividades.

Es un libro diferente, creado para niños curiosos que quieren profundizar en conocimientos más allá de lo básico. Está lleno de propuestas para relacionar conceptos y desarrollar la imaginación y la inventiva.

María Sánchez Dauder

Escritora y Psicopedagoga

Índice

Pasajero de a bordo

¡Hola!

Este soy yo.

Me llamo Edgar.

Y hace 8 años llegué a este mundo con una gran ilusión: Ser piloto de un Airbus A380.

¡¡¡Si si!!! Ese avión enorme de dos pisos. Un gigante del aire.

Piensa en todas aquellas cosas que despiertan tu pasión y anótalas aquí. Será una manera de compartirlas conmigo y conocernos mejor.

Si tienes este libro en tus manos, es porque te interesa la aviación tanto como a mí.

¡Qué feliz soy de poder compartir una de mis grandes pasiones contigo!

Espero que lo disfrutes tanto como yo al explicarte todo lo que sé.

.

¡¡¡BIEN!!!

Antes de emprender este viaje juntos…

¿Pensaste alguna vez qué pasaría si tuviéramos alas?

La Leyenda de Ícaro

Cuenta la mitología griega que Dédalo era un famoso inventor al servicio del Rey Minos, de Creta (1750 y 1780 A.C).*

Un día el Rey se enfadó con Dédalo y quiso castigarlo, pero él huyó junto con su hijo Ícaro. El famoso inventor pensó que podían huir volando, pero ¿Cómo iban a hacerlo?

Su ingenio lo llevó a construir unas estructuras de madera que imitan las alas de un pájaro y las cubrió de plumas enganchadas con cera de abeja. El padre advirtió a Ícaro antes de emprender el vuelo:

-No te acerques demasiado al mar ya que la humedad podría estropear las alas. Tampoco te acerques demasiado al Sol. El calor derretiría tus alas.

Padre e hijo emprendieron el vuelo e Ícaro se sintió libre. Libre como nunca lo había sentido y voló y voló, cada vez más alto, atraído por la magnética luz solar.

Las plumas empezaron a derretirse por el calor hasta que Ícaro cayó al mar. Dédalo lo buscó desesperadamente pero nunca lo encontró.

La historia narrada por Ovidio en el libro VIII de las Metamorfosis (185-235) nos demuestra el interés que ha tenido la humanidad por la capacidad de volar desde el principio de la historia.

*(A.C antes de Cristo)

¿Historiamos un poco?

La máquina voladora y el Tornillo Aéreo

Leonardo Da Vinci (1452-1519), científico, ingeniero, inventor, anatomista, pintor, escultor, arquitecto, músico, poeta, filósofo y escritor… sin lugar a duda fue un hombre polifacético que, entre sus muchos intereses, existía el deseo de conquistar el aire.

¿Qué inventó para intentar lograr su sueño? Leonardo inventó un gran número de cosas, entre ellas…

Máquina voladora

El piloto debía mover las alas utilizando las manos y los pies y, además, la cola con la cabeza.

Tornillo Aéreo

Este artilugio tenía una gran ala central en forma de hélice, que se enroscaba en el aire siguiendo el mismo principio que un helicóptero.

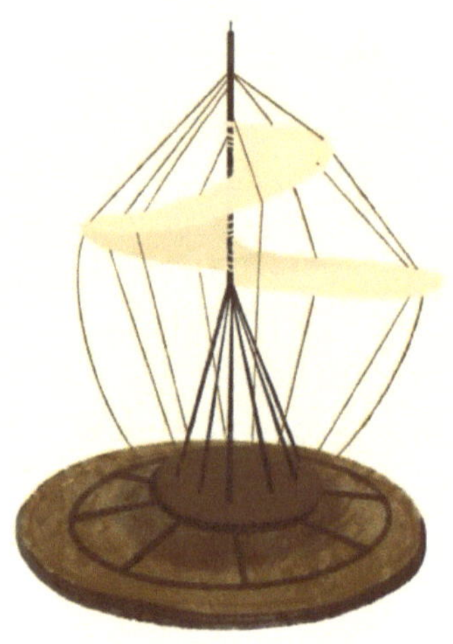

"Los helicópteros vuelan siguiendo los mismos principios que los aviones. Las palas que poseen tienen la misma forma que las alas de un avión y esto les permite generar sustentación. Los helicópteros se sustentan en el aire gracias al rotor que hace girar las palas, facilitando que se mantenga en el aire sin la necesidad de que se tenga que desplazarse como les sucede a los aviones, que su sustentación en el aire viene dada por el principio de

Bernoulli (mayor velocidad menor presión) y por el efecto Venturi (al pasar un fluido de aire por un estrechamiento, la velocidad aumenta y la presión disminuye).

Gracias al rotor, el helicóptero, así como el tornillo aéreo, pueden despegar y aterrizar en vertical, sin necesidad de una pista de aterrizaje."

Pese a sus buenas ideas, Leonardo no llegó nunca a utilizar sus inventos, quedando solo en bocetos que, años después impulsarían a otros a llevarlos a cabo.

En el año 1783 (siglo XVIII), el Marqués d'Arlandes y Pilatre Rozier realizaron el primer vuelo en un Globo diseñado por los hermanos Montgolfier, después de que éstos realizaran diferentes pruebas con poco éxito.

En un primer momento, los hermanos Etienne y Joseph Montgolfier elevaron, a unos pocos metros del suelo, un globo de aire caliente que no iba tripulado. En una segunda prueba el globo se elevó con unos curiosos pasajeros: un pato, una oveja y un gallo.

¡En esta ocasión con el mismísimo Rey Luis XVI observando su gran hazaña!

Sir George Cayley es considerado uno de los "padres de la aviación" porque estableció los *principios científicos del vuelo mecánico* que explicó en su publicación *Sobre la navegación aérea* en el año 1809 (siglo XIX).

"El principio del vuelo mecánico establece una relación entre el peso, la resistencia aerodinámica, la sustentación y el impulso, tal y como podéis ver en el dibujo".

A partir de ese momento, empezó la era moderna de la aviación.

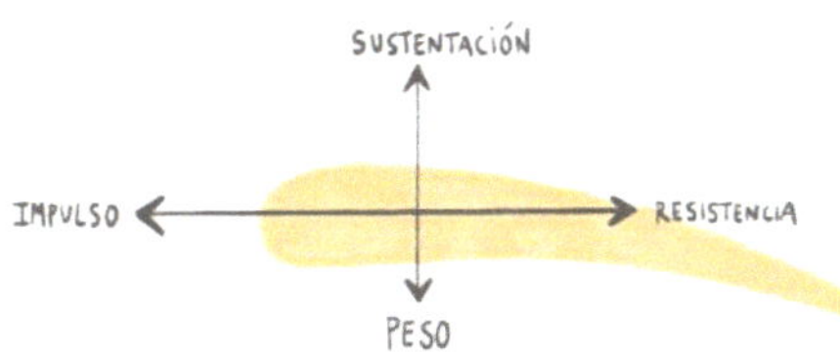

Sus ideas se basaron en las pruebas realizadas con su biplano no tripulado construido en el año 1804.

Como podrás imaginar, el niño estuvo acompañado en todo momento por un grupo de personas que corrieron colina abajo detrás de él.

¡El vuelo fue un total éxito!

Aunque no fue hasta el año 1853 que Sir Cayley lograra que su biplano volara tripulado por el piloto J. Applebay.

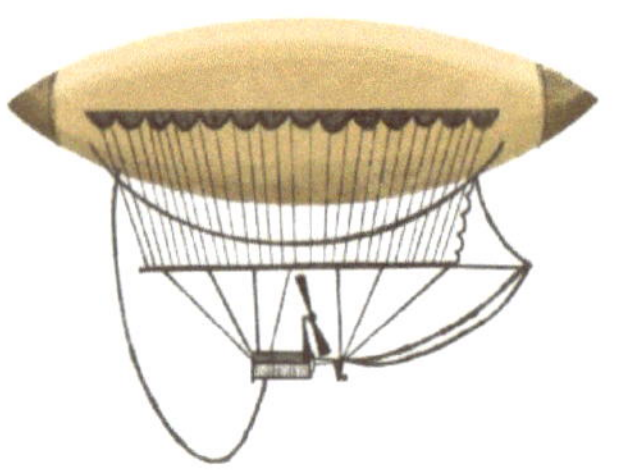

En el siglo XIX, el ingeniero francés Henry Giffard inventó el dirigible; primer aparato volador propulsado por una pequeña máquina de vapor. El primer vuelo tuvo lugar en el año 1852 y logró viajar cerca de 17 millas.

¿Sabrías calcular cuántos kilómetros son, si 1km= a

0,62millas?

Charles Renard y Arthur Krebs construyeron en el año

1884, un dirigible no rígido con motor eléctrico capaz de realizar un vuelo de ida y vuelta. *Le France.*

Pero no fue hasta el año 1900 (siglo XX), que F. Zeppelin realizara el primer vuelo de un dirigible rígido, con cinco pasajeros a bordo.

Este vuelo duró 18 minutos.

¿Se te ocurre qué diferencias hay entre el Globo y el Dirigible que no haya mencionado?

Ponte en la piel de un ingeniero Aeronáutico e inventa un aparato volador más ligero que el aire, como los que hemos visto hasta el momento.

Otra diferencia: El Dirigible podía ser controlado a través de timones y motores, a diferencia del Globo, que era empujado por las corrientes de aire. A demás de su evidente diferencia de tamaño y uso.

Pero la vida de estos monstruos del aire no tuvo mucho recorrido en el tiempo.

Los dirigibles fueron retirados del mundo de la navegación aérea antes de lo que sus inventores hubieran deseado.

Estos aparatos fueron un símbolo de su época.

¡Como hoy lo es el A380!

Pero se retiraron del espacio aéreo después del accidente que hubo en Hindenburg (Alemania) en el año 1936 y donde murieron muchas personas.

¿Cuánto tiempo estuvieron en funcionamiento? Revisa la información de este libro y anótalo en este espacio

____

Eran naves tan grandes que podían llegar a medir unos 245 metros de largo.

¿Cuántos A380 harían falta para ocupar el espacio de un dirigible? (*Pista en este libro*).

Mientras los aparatos más ligeros que el aire iban evolucionando, no quedaba atrás la investigación y desarrollo de naves más pesadas.

Los hermanos Wright, estaban interesados en poder volar, y para ello construyeron un extraño aparato en su taller de bicicletas, y se lanzaron colina abajo en Kill Devil, Carolina del Norte.

Fueron los primeros inventores que consiguieron despegar del suelo, en un vuelo que duró 12 segundos y recorrió una distancia de 37 metros, en el año 1903.

Este aparato volador, un biplano, estaba hecho de  listones de madera y tenía un motor de 4 cilindros de gasolina, una potencia de 12 caballos y un peso de 90kg. Tenía dos grupos de alas parecidas en tamaño, montadas unas sobre otras, pero esta disposición de las alas no ayudaba al avión a ser más rápido, todo lo contrario, generaban resistencia al aire, así como baja sustentación del avión una vez estaba en el aire.

En el año 1908 Ambroise Goupy diseñó un avión parecido al biplano, pero con triple grupo alar. Fue Louis Blériot, piloto y constructor quien construyó el novedoso modelo de avión. Pero estos aviones no demostraron ser mejores que los biplanos en sus maniobras en el aire.

Cuando estalló la primera Guerra Mundial, estos aviones se convirtieron en armas letales.

De reconocido prestigio fue el piloto alemán conocido como Barón Rojo, por el color rojo del triplano con el que venció un gran número de batallas hasta que finalmente murió en una de ellas.

"Los pilotos aún procedían en la batalla como los antiguos caballeros, de frente, con honor…sin usar estrategias de combate como las que se desarrollaron posteriormente".

Pero los aviones de esa época carecían de la potencia suficiente para ser aeronaves efectivas en las maniobras de combate. Esto era debido al material de construcción (madera, alambres de acero y tela de lino decorada con pintura altamente inflamable). La ingeniería aeronáutica ha evolucionado mucho desde entonces, convirtiendo las aeronaves en auténticas armas de combate.

¿Podrías realizar un boceto de un aparato volador inventado por ti?

¡Fíjate! Qué diferencias hay entre el avión de pasajeros más grande del mundo y el primer aparato volador de la historia.

Flyer I

Tamaño: 13m

Altura: 4m

Peso: 275kg

Velocidad máx.: 50km/h

Airbus 380

Tamaño: 80m

Altura: 24m

Peso: 280T (280000Kg)

Velocidad máx.: 1185km/h

¿Sabrías decirme qué otras diferencias hay?

La historia de la aviación antigua y moderna está llena de pequeños y grandes avances que por espacio y complejidad no es posible que te explique aquí, pero si quieres conocer muchos más detalles, te invito a buscar en *"La Enciclopedia de la Aviación"* (ed. Edimat Libros).

El Aeropuerto

No recuerdo desde cuando siento pasión por la aviación, pero cuando llega el fin de semana y puedo ir al Mirador del Aeropuerto Josep Tarradellas de BCN, soy el chico más feliz del mundo.

Puedo ver la cola de aviones acercarse desde el más cercano hasta el más alejado en el horizonte que apenas parece un brillo en la inmensidad del cielo.

A medida que se van acercando, puedo escuchar el estruendoso ruido de sus motores, puedo ver como desplegan y guardan el tren de aterrizaje, y puedo apreciar al detalle su fuselaje.

Un elemento más que me ayuda a comprender de dónde vienen, donde van, qué ruta aérea siguen, el modelo, velocidad, altura… y otras variables es una aplicación del móvil que me permite ver en tiempo real el tráfico aéreo de todo el mundo. La aplicación Flightradar24

En el mirador del aeropuerto, hay días en que puedo ver a los aviones despegar y otros días los veo aterrizar, siempre desde el mismo lugar.

¿Te has preguntado alguna vez a qué se debe esto? ¿Por qué cambian el rumbo de sus entradas y salidas al aeropuerto?

Las pistas de despegue y aterrizaje son uno de los elementos más importantes de un aeropuerto.

Taaaanto que <u>determinan la ubicación del aeródromo</u>. Cuanto mejor ubicado, más fácil es la gestión aeroportuaria del día a día. Pero claro, siempre hay una variable que no podemos controlar.

LA CLIMATOLOGÍA

La lluvia, el viento, la nieve… son elementos naturales que pueden alterar el buen funcionamiento de los aviones.

¿Recuerdas la pregunta que te hice antes sobre las maniobras de aterrizaje y despegue?

Los aviones siempre, siempre, siempre, operan con el viento en contra cuando despegan y aterrizan.

De esta forma, al despegar favorece la estabilidad del avión y una vez en el aire, suele girar su dirección favoreciendo el viento de cola, para que lo empuje y ayude a coger velocidad.

En cambio, en el aterrizaje ayuda a reducir la

velocidad respecto al suelo y el viento favorece la sustentación del avión al pasar a través de las alas.

Pero… ¿Qué sucede cuando el viento es cruzado?

En aquellos aeropuertos que tienen varias pistas, alguna está orientada perpendicular a la pista principal para facilitar el viento de cara. Y en aquellos aeropuertos que solo dispongan de un acceso… el piloto tendrá que realizar una maniobra conocida como "guiñada"

"Inclinación de las alas hacia el viento, apoyándolo sobre éste y el piloto debe corregir la postura del avión con el timón en dirección contraria a la inclinación aplicada"

UFFFF una maniobra complicada para compensar el desplazamiento lateral que causa el viento.

¿Sabías que para poder realizar esta maniobra con éxito el avión debe tener mayor velocidad que en situación de aterrizaje normal?

Otra cosa para tener en cuenta en el momento de ubicar un aeródromo es la FAUNA que hay en el entorno.

¿Te imaginas un conejo, un zorro o un conjunto de patos, paseando por la pista?

¡Sería muy peligroso!

Para sortear los peligros que suponen la aparición de los animalillos, cada aeropuerto elige su método de control.

Por ejemplo, en el aeropuerto de Barcelona Josep Tarradellas liberan águilas para controlar la aproximación de los pequeños intrusos. En otros aeropuertos, utilizan mallas para evitar el acceso a las pistas o sonidos de alarma para ahuyentar a los animales. Todo dependerá del entorno y de las infraestructuras.

¿Se te ocurre otro método de control animal? ¡Cuéntamelo!

La historia de la aviación antigua y moderna está llena de pequeños y grandes avances que, por espacio y complejidad, no es posible detallar aquí. Sin embargo, si quieres conocer más detalles, te invito a consultar "La Enciclopedia de la Aviación" (ed. Edimat Libros).

El Aeropuerto

No recuerdo desde cuándo siento pasión por la aviación, pero cuando llega el fin de semana y puedo ir al Mirador del Aeropuerto Josep Tarradellas de BCN, soy el chico más feliz del mundo.

Puedo ver la cola de aviones acercarse desde el más cercano

hasta el más alejado en el horizonte, que apenas parece un brillo en la inmensidad del cielo.

A medida que se van aproximando, escucho el estruendoso ruido de sus motores, veo cómo despliegan y guardan el tren de aterrizaje, y aprecio al detalle su fuselaje.

Un elemento más que me ayuda a comprender de dónde vienen, a dónde van, qué ruta aérea siguen, su modelo, velocidad, altura y otras variables es una aplicación del móvil que permite ver en tiempo real el tráfico aéreo de todo el mundo: Flightradar24.

En el mirador del aeropuerto, hay días en que puedo ver a los aviones despegar y otros días los veo aterrizar, siempre desde el mismo lugar.

¿Te has preguntado alguna vez a qué se debe esto? ¿Por qué cambian el rumbo de sus entradas y salidas al aeropuerto?

Las pistas de despegue y aterrizaje son uno de los elementos más importantes de un aeropuerto. Tanto, que determinan la ubicación del aeródromo. Cuanto mejor ubicado, más fácil es la gestión aeroportuaria del día a día. Pero claro, siempre hay una variable que no podemos controlar.

La climatología

La lluvia, el viento, la nieve… son elementos naturales que pueden alterar el buen funcionamiento de los aviones.

¿Recuerdas la pregunta que te hice antes sobre las maniobras de aterrizaje y despegue?

Los aviones siempre, siempre, siempre operan con el viento en contra cuando despegan y aterrizan.

De esta forma, al despegar se favorece la estabilidad del avión y, una vez en el aire, suele girar su dirección para aprovechar el viento de cola, que lo empuja y ayuda a coger velocidad.

En cambio, durante el aterrizaje, el viento en contra ayuda a reducir la velocidad respecto al suelo y favorece la sustentación del avión al pasar a través de las alas.

Pero… ¿qué sucede cuando el viento es cruzado?

En aquellos aeropuertos que tienen varias pistas, alguna está orientada perpendicular a la pista principal para facilitar el viento de cara. Y en aquellos aeropuertos que solo disponen de una pista… el piloto tendrá que realizar una maniobra conocida como "guiñada":

"Inclinación de las alas hacia el viento, apoyándose en este, mientras el piloto corrige la postura del avión con el timón en dirección contraria a la inclinación aplicada."

¡Ufff! Una maniobra complicada para compensar el desplazamiento lateral que causa el viento.

¿Sabías que para poder realizar esta maniobra con éxito el avión debe tener mayor velocidad que en una situación de aterrizaje normal?

La fauna

Otra cosa a tener en cuenta al momento de ubicar un aeródromo es la fauna que habita en el entorno.

¿Te imaginas un conejo, un zorro o un grupo de patos paseando por la pista?

¡Sería muy peligroso!

Para evitar los riesgos que suponen los animales, cada aeropuerto adopta su propio método de control. Por ejemplo, en el aeropuerto de Barcelona Josep Tarradellas liberan águilas para controlar la aproximación de pequeños intrusos. En otros aeropuertos se utilizan mallas para evitar el acceso a las pistas o sonidos de alarma para ahuyentar a los animales. Todo depende del entorno y de las infraestructuras.

¿Se te ocurre otro método de control animal? ¡Cuéntamelo!

Cuando los Ingenieros Civiles reciben el encargo del diseño y construcción de un aeropuerto, además del clima y la fauna, deben tener en cuenta la contaminación acústica y ambiental que éstos causan y el impacto que tendrá sobre el lugar donde decidan construirlo.

Los aeropuertos deben estar alejados de zonas urbanizadas para evitar la exposición al estruendoso ruido de las aeronaves, así como por los peligros sobre la salud de las personas residentes cerca del lugar, por los humos de los motores de los aparatos voladores.

Además de todo esto, también determinará su ubicación, el tipo de terreno, facilidad para excavar, cercanía de ríos o mares y, por supuesto, el número de elementos a construir.

Un aeropuerto (aeródromo) está formado por dos áreas bien diferenciadas entre sí.

- Lado Aire (donde hay movimiento aéreo)

- Lado Tierra (zona de terminales)

Ahora vamos a ver juntos qué podemos encontrar en cada

uno de estos espacios.

Zona de Pistas

Las pistas de despegue y aterrizaje deben tener unas características concretas para facilitar las operaciones de toma de tierra y rodaje, así como unas características técnicas concretas en el pavimento (*suelo*) para evitar la rotura por el peso de los aviones.

Como ves, debe haber unos márgenes laterales de seguridad,

así como zonas resistentes al calor de los motores (reactores) del aparato.

Área de maniobras

¿Estas son las zonas que facilitan el acceso desde las pistas hasta la zona de estacionamiento "aparcamiento"?

¿Te has fijado alguna vez que cuando hay mucho tráfico aéreo los aviones hacen cola para salir?

Esta zona se llama apartadero y es donde los aviones esperan su turno para entrar en la calle de salida rápida.

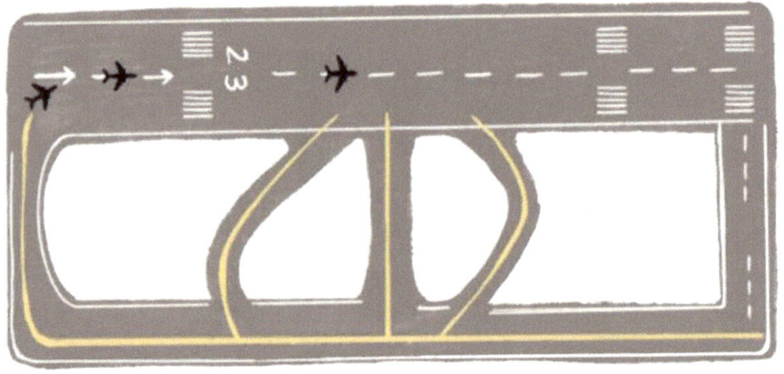

Plataformas de estacionamiento

¿Sabrías decirme qué son las plataformas de estacionamiento?

¡Muy bien!

En este lugar los aviones aparcan para que los pasajeros puedan embarcar o desembarcar, además de cargar el combustible.

¿Cómo se llama el combustible de los aviones?

El keroseno que utilizan mayormente los aviones comerciales

(de pasajeros) es el combustible JET A1. Aunque existe una tendencia al uso de biocombustibles, este sigue siendo el más usado en el mundo aéreo.

Este keroseno proviene del petróleo y su color es amarillento, casi transparente. Se congela a -47°C y se incendia a 201°C (aunque sí una fuente de calor se aproxima al combustible, podría hacerse fuego solo con 38°C). El combustible de los coches es diferente al de los aviones en todas sus características.

Si en un avión de 400 pasajeros caben aproximadamente 200.000l de combustible. Una nave mediana, con unos 100 pasajeros, ¿Qué cantidad de combustible necesitará?

Zonas de Servicios a los Usuarios

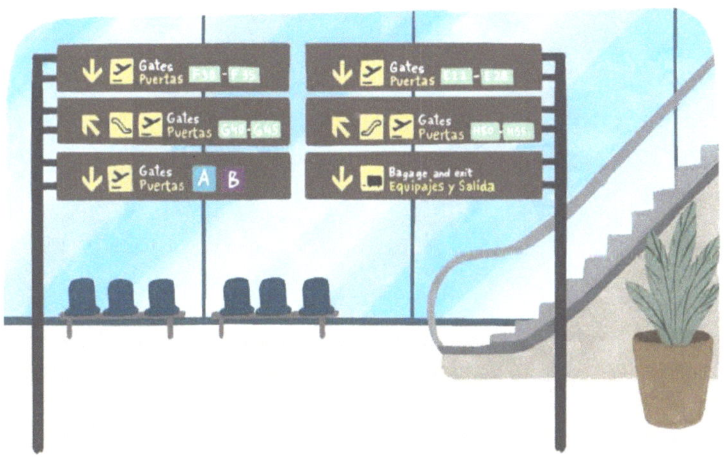

La zona de las terminales es donde se producen los servicios de embarque y desembarque.

Los pasajeros pueden comprar sus billetes, facturar el equipaje antes de subir al avión, pasar los controles de seguridad, hacer shopping, etc.

Todo esto se realiza en las zonas pública y de pasajeros.

Las compañías aéreas pueden disfrutar de una zona privada
que es de uso exclusivo para el personal que trabaja en ellas.

Instalaciones de Seguridad y Control

La Torre de Control es un elemento importantísimo de un
aeropuerto. Sin ella no podría funcionar el tráfico aéreo con
normalidad.

¿Por qué crees que es indispensable?

¡Exacto!

En la torre de control se encargan de dirigir el tráfico aéreo,
facilitando que sea fluido, como si fueran guardias urbanos del
cielo (*Héctor*).

A pesar de ello, los aviones disponen de suficientes instrumentos de seguridad como para poder volar sin su presencia, en un momento dado.

A través de los radares pueden ver la posición de otros aviones, tiene sistemas anticolisión, que indican a los pilotos las maniobras a realizar.

En cuanto a la iluminación que recibe del sol, como éste va rotando a lo largo de los meses del año, algunos aeropuertos solucionan los posibles problemas con cristaleras anti reflectantes y en posición inclinada hacia abajo para que no se mojen los vidrios y evitar los reflejos producidos por los temporales.

¿Crees que es importante la altura de la Torre? ¿Por qué?

Ahora, nos pondremos en la piel de un Ingeniero Civil para dibujar el plano de un aeropuerto con su torre de control. Ponle nombre y explícame qué elementos has tenido en cuenta para su diseño. ¡Y dónde está!

Servicios de Salvamento

En todos los aeródromos debe haber equipos de salvamento y bomberos por si se produce un accidente.

La estación de servicios dispone de vehículos de salvamento y extinción de incendios. Según el tamaño del aeródromo existirán más o menos materiales y personas destinadas a estos puntos de salvamento.

Los   bomberos
que trabajan en los aeropuertos están especializados en atender cualquier tipo de emergencia y sus equipos de trabajo están preparados para cualquier situación adversa.

¿Qué modelo elijo?

A pesar de que el modelo de avión que más me gusta es el de pasajeros, especialmente el Airbus 380, existen otros tipos de avión. Des de los más ligeros empleados para el ocio y la diversión del piloto más aventurero, pasando por los de rescate y hasta los militares.

¿Te apetece hacer un breve recorrido por todos ellos?

El AVIÓN COMERCIAL es el que todos conocemos. Aquél con el que viajamos de un lugar a otro. Actualmente existen dos compañías de ingeniería Aeronáutica encargadas del diseño y construcción de estos monstruos del aire: Boeing y Airbus.

Pero a pesar de ser las compañías comerciales más conocidas, también existen otros fabricantes de aeronaves pertenecientes a ICAO (Organización internacional de aviación civil).

Estos aviones tienen los asientos distribuidos en filas separadas por uno o dos pasillos, según lo grande que sea el aparato.

El AVIÓN DE CARGA es el que usan las compañías de transporte para llevar de un lugar del mundo a otro los paquetes, mensajes y cartas que enviamos a

a conocidos, familia o contactos de trabajo. Normalmente se utilizan aviones de mayor tamaño y con un fuselaje más ancho que para el transporte de pasajeros. De esta forma, se pueden llevar desde paquetes pequeños hasta vehículos y otros objetos de gran tamaño.

El AVIÓN MILITAR tiene una forma diferente al de pasajeros. Es muy fácil identificarlos porque su aspecto no tiene nada que ver con los aviones que hemos visto hasta el momento. Entre los diferentes modelos que existen de combate se encuentran el Lockheed Martin F-16 Fighting Falcon o el Lockheed Martin /Boeing F22 Raptor, uno de los más avanzados del mundo. Solo menciono dos, pero existen muchísimos más, con diferentes diseños, pero la misma función:

Derribar al enemigo en períodos de guerra entre países.

¿Recuerdas al Barón Rojo y su avión de combate en la primera Guerra Mundial? ¿Qué diferencias te llaman más la atención entre su triplano y los aviones Caza que se utilizan en la actualidad?

Para que un planeador pueda despegar "lanzamiento", debe ser remolcado inicialmente por un avión a motor. Cuando se desacoplan (desenganchan), el piloto debe ser capaz de levantar el vuelo haciendo uso de las corrientes aéreas, para ganar altura y disfrutar del paseo.

Aviadoras

Si haces una revisión de la historia de la aeronáutica, en la mayoría de los lugares solo mencionan las hazañas de grandes y valerosos hombres, pero…no vayas a creer que solo ellos han surcado los cielos.

La mujer ha luchado a lo largo de la historia para hacerse oír, para abrirse camino en este apasionante mundo que, al menos años atrás, se creía solo apto para ellos. Gracias a estas mujeres valientes y luchadoras, hoy podemos viajar bajo el mando de una mujer.

La primera mujer en conseguir su licencia de piloto fue Élise Léotine Deroche, más conocida por Baronesa de la Roche. Fue

expedida en el año 1910 por el Aero Club de Francia, otorgándole el número 36 de la *Fédération Aéronautique Internationale*.

La historia de Amelia Earhart está llena de éxitos. Entre ellos, hizo algo que nunca ninguna mujer había hecho: cruzar el océano Atlántico en su avión, ella sola. Esto ocurriría en el año 1932. Después de trabajar en el departamento comercial de TWA, una gran aerolínea, fue cofundadora de Ludington Airlines, creando así el primer puente aéreo de alta frecuencia estadounidense.

Si quieres conocer más sobre su apasionante vida, en el año 2009 estrenaron una película basada en su vida, llamada *Amelia*.

Olive Ann, conocida como la Dama de la Aviación, fundó con otra persona la compañía aeroespacial Beech Aircraft Corporation, en el año 1932. Esta empresa se dedicó a fabricar aviones comerciales y militares y Olive, recibió un gran número de premios por su gran labor en este campo de la aviación.

Amy Johnson, fue la primera aviadora británica en volar sola de Gran Bretaña a Australia cuando tenía 26 años. Esto sucedía el año 1930.

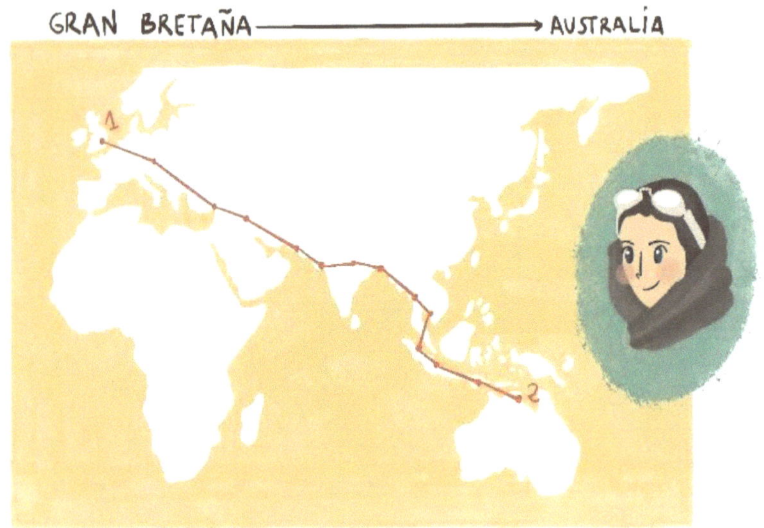

Emma Lilian fue la primera mujer americana en diseñar aviones. Su primer modelo de aeroplano fue mostrado en 1906.

¿Te parece interesante? ¡A mí me encanta saber que muchas mujeres a lo largo de la historia han hecho cosas tan importantes por el mundo de la aviación! Contribuyendo con inventos y grandes hazañas …

Aunque en estas líneas haya mencionado a estas mujeres, son muchas más las que merecen ser mencionadas. Si quieres ampliar esta información te recomiendo el libro *"Mujeres en la historia de la aviación"* y consultar en librerías especializadas.

¿Vuelas conmigo?

Mi gran ilusión ha sido llegar a pilotar un avión comercial para llevar a toda mi familia de viaje.
Poder llegar a tener en mis manos los mandos del Airbus 380…

Pero para eso hay que estudiar y hacer muchas horas de prácticas de vuelo.

¿Me ayudas a descifrar todos los pasos que tendremos que seguir para conseguir este sueño?

Primero… hay que tener como mínimo 16 años, y si se está cursando los estudios de bachillerato científico mejor, puesto que se deben tener conocimientos de física y matemáticas para entrar en la escuela de pilotos.

Segundo… superar un examen médico clase 1 inicial. Para realizarlo se hacen análisis de sangre y orino con el objetivo de valorar muchos parámetros indispensables para el uso seguro de una aeronave. Se realizan pruebas de oído y vista. Un punto importante: si eres daltónico (dificultad para distinguir ciertos colores), no pasarás las pruebas médicas. A demás hacen pruebas cardíacas (miran que el corazón esté sano) y psiquiátricas (que no tengas ningún trastorno mental).

Tercero…los conocimientos teóricos necesarios mínimos son lo que te comenté en el punto primero. En el curso teórico nos enseñaran los sistemas de avión e instrumentos, navegación, meteorología (tiempo), derecho aéreo, principios y procedimientos de vuelo, comunicaciones… es importante que sepamos hablar inglés ya que el curso teórico y examen son en inglés.

Cuarto…para obtener la licencia de piloto ATPL (Piloto línea aérea) no es necesario tener una carrera universitaria, pero si tenemos una carrera de ingeniero e idiomas son dos cosas que, para entrar a trabajar en aerolíneas importantes, nos darán puntos delante de otros pilotos. ¡Para tener en cuenta!

Quinto…las horas de prácticas mínimas para la licencia son 200, 250 si queremos presentar
candidatura en línea aérea. Éstas se tienen que hacer con un instructor (profesor) certificado. Una vez acabemos el curso teórico, realizaremos prácticas de vuelo directamente, no es necesario utilizar los simuladores, aunque en el siguiente punto hablaré sobre ellos.

Sexto…como obtener la licencia de avión es muy muy caro, es recomendable probar los simuladores para tener las primeras experiencias. Hacer algún curso de iniciación nos permite saber qué significa poder volar, junto con la experiencia del simulador y un vuelo de prueba acompañando al instructor, y así ver las implicaciones de lo aprendido y, decidir si es lo que realmente queremos hacer.

Séptimo…las prácticas del cuso de piloto se realizan en aeródromos pequeños como el de Sabadell, el segundo aeropuerto de aviación general, con mayor movimiento de España. Se realizan en este tipo de espacios ya que en otros con mayor tráfico aéreo podría ser peligroso por la cantidad de vuelos diarios programados.

Octavo… una recomendación muy muy importante es hacerse la revisión médica antes de inscribirnos en la

academia de vuelo porque si el resultado del examen es negativo, nos ahorramos mucho dinero y trámites innecesarios.

Si quisieras poder pilotar un helicóptero, los módulos teóricos y prácticas de vuelo, funcionan diferentes. Lo mismo que si quieres pilotar aviones militares. En este caso deberías entrar a formar parte del ejército español, porque la normativa de vuelo y la teórica son muy diferentes.

Mientras estaba escribiendo el libro no dejaba de rondarme una pregunta… ¿Qué sucedería si mientras estás volando en medio de una tormenta seria, te quedas sin radar? ¿Cómo lo solucionas?

Mis amables fuentes me explicaron dos cosas.

- El radar hace una "foto" de la nube que se encuentra delante. ¿Cómo? Pues envía señales que rebotan contra las gotas de agua y devuelven la imagen de lo que captan a través del radar. Pero…

¡SOCORRO!

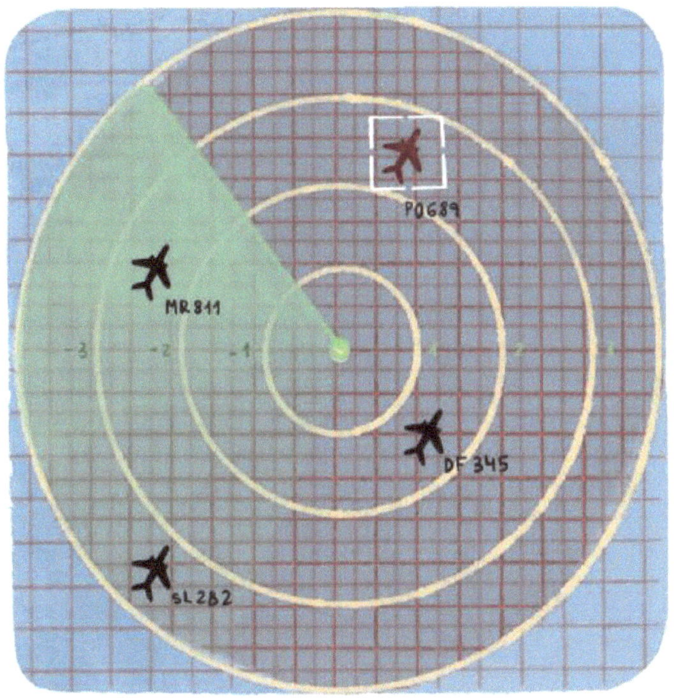

Nos hemos quedado ciegos, no tenemos radar

Tranquilidad, no estamos perdidos. Cada zona aérea tiene sus controladores aéreos que ven todos los aviones en circulación y, mediante el uso de la radio pueden guiarnos a través a través de la tormenta, dando apoyo e instrucciones.

Espero que hayas disfrutado con nuestra aventura. Ya es hora de despedirme para seguir estudiando y aprendiendo más acerca del mundo de la aeronáutica.
Nos veremos pronto… ¡Seguro!

¡Hasta pronto!

www.ingramcontent.com/pod-product-compliance
Lightning Source LLC
LaVergne TN
LVHW051455180726
843512LV00001B/37